Standards für den modernen Schriftverkehr

Diese Leitlinien sind als Orientierungshilfe für den Unterricht gedacht und fassen die Vorgaben der derzeit gültigen normativen Quellen als Ersatz für die ÖNORM A 1080 zusammen.

In der TRAUNER-DigiBox finden Sie hilfreiche Briefvorlagen.

Richtlinien und Normen

Mit 1. Mai 2018 wurde die ÖNORM A 1080 „Richtlinien für die Textgestaltung" zwar ersatzlos zurückgezogen, sie war jedoch stark an die übergeordneten Richtlinien und Normen der ISO (Internationale Organisation für Normung) sowie der EN (Europäische Norm) und vor allem der DIN (Deutsche Norm) angelehnt.

Diese noch immer gültigen Normen sowie die Vorgaben des Österreichischen Wörterbuchs und des Duden sind nach wie vor Grundlagen für die Gestaltung des modernen Schriftverkehrs. Zwar muss man sich nicht exakt an die Empfehlungen der Normenausschüsse halten, es ist jedoch trotzdem nicht sehr sinnvoll, von diesen allgemein anerkannten Regeln stark abzuweichen. Schriftstücke, Briefe, E-Mails und Websites sind eine Visitenkarte und die Grundlage für die Bewertung durch Außenstehende. Daher sollte die Gestaltung von Schriftstücken zumindest einheitlich nach bestimmten Vorgaben erfolgen.

Die Gestaltungsrichtlinien der DIN 5008, ÖNORM EN ISO 80000, DIN 1421 sowie die Vorgaben des Duden und des Österreichischen Wörterbuchs sind nach wie vor Grundlage der modernen Korrespondenz. Zudem hat die Österreichische Post AG Regeln zur Gestaltung von richtig adressierten Schriftstücken herausgegeben, damit die Maschinenlesbarkeit und somit die korrekte und problemlose Zustellung von Schriftstücken gewährleistet werden kann.

1 Abkürzungen und Zeichen

1.1 Abkürzungen

Für die Schreibung der Abkürzungen gelten generell die Vorschriften des Österreichischen Wörterbuchs und des Duden.

DUDEN

Abkürzungen, die man beim Lesen automatisch in das ungekürzte Wort rückwandeln kann, erhalten einen Punkt, der ohne Leerzeichen an das abgekürzte Wort gesetzt wird. Mehrere abgekürzte Wörter werden zudem mit (gegebenenfalls geschütztem) Leerzeichen getrennt:

Mag. = Magister, evtl. = eventuell, z.°B. = zum Beispiel, d.°J. = dieses Jahres, i.°A. = im Auftrag[1]

Ausnahmen:
Die Abkürzungen **usw. (= und so weiter)** und **usf. (= und so fort)** werden nur mit einem Punkt am Ende und ohne Trennung durch Leerzeichen geschrieben.

Die Abkürzung für Compagnie bzw. Kompanie kann mit und ohne Punkt geschrieben werden: Co. = Co

National oder international festgelegte Abkürzungen für Maßeinheiten, Währungen, Himmelsrichtungen usw. werden meist ohne Punkt geschrieben:

cm = Zentimeter, EUR = Euro, S = Süden, BEd = Bachelor of Education, AG = Aktiengesellschaft

[1] Zur besseren Veranschaulichung der Getrennt- und Zusammenschreibung sind die geschützten Leerzeichen in diesem Leitfaden teilweise so abgedruckt, wie sie auf dem Bildschirm dargestellt werden (°). Sie sind in der Praxis jedoch lediglich zur Vermeidung ungewollter Textumbrüche zu setzen!

Fachspezifische Abkürzungen werden ebenfalls meist ohne Punkt geschrieben:

USt = Umsatzsteuer, BLZ = Bankleitzahl, VwGH = Verwaltungsgerichtshof, HAK = Handelsakademie

Die Abkürzungen aus dem Lehrbuch können weiterhin verwendet werden.

Eine Besonderheit bilden die akademischen Bachelor- und Mastergrade[2], denn hier sind (siehe nachstehende Beispiele), je nach Quelle, unterschiedliche Schreibweisen angeführt:

Ausgeschrieben	bmbwf		DIN 5008 + Duden
Bachelor of Arts	BA	B.A.	B.°A.
Bachelor of Science	BSc	B.Sc.	B.°Sc.
Master of Education	MEd		M.°Ed.
Master des Wirtschaftsrechts		LL.M.	LL.°M.

Da in Österreich die international weit verbreitete Schreibweise ohne Punkt erlaubt ist, werden die Beispiele in diesem Leitfaden meist ebenso geschrieben, korrekt ist jedoch jede der drei angeführten Möglichkeiten.

1.2 Zeichen

Die Regelungen zur Zeichensetzung unterscheiden sich in den derzeit gültigen Regelwerken kaum von den bisherigen Vorgaben der ÖNORM A 1080. Daher können die Beispiele aus dem Lehrbuch übernommen werden. Lediglich die hier angeführten Regeln sind zu berücksichtigen.

1.2.1 Zusammengehörige Textteile

Zwischenräume entstehen durch Leerzeichen und sind bei nicht zu trennenden Textteilen zu vermeiden.

Zusammengehörige Teile, die durch ein Leerzeichen gegliedert werden, dürfen an den Zwischenräumen nicht getrennt werden und sind gegebenenfalls mit einem **geschützten Leerzeichen** (⇧ + Strg) gegen einen unbeabsichtigten Zeilenumbruch zu sichern.

z.°B., Dr.°Bauer, W.°A.°Mozart, St.°Johann, M.°Sc., §°27, 5°%°Skonto, 250°000°Einwohner, Mayer°&°Huber°KG, €°150,00, 28.°Mai°2025, 5:10°Uhr. Daher muss°– um hier Fehler zu vermeiden°– sehr genau gearbeitet werden. S.°27°ff., #°899, 2°:°3, 3°+°5°=°8,°...

Inhaltlich **eng zusammengehörige Teile,** die durch Bindestriche gegliedert werden, dürfen am Bindestrich nicht getrennt werden und sind gegebenenfalls mit einem **geschützten Kurzstrich** (⇧ + Strg) vor einem unbeabsichtigten Zeilenumbruch zu schützen.

E-Mail, A4-Format, 14-mal, 45-jährig, die x-te Potenz, 6-zylindrig, C-Dur, UKW-Sender, 20..-07-20

Kommt es in WORD zu einer **unbeabsichtigten Silbentrennung** (dieser Fehler tritt gerne beim Wort „oder" am Zeilenende auf), korrigiert man diesen Fehler mit folgenden Schritten:

- Wort markieren – Überprüfen – Sprache – Sprache für die Korrekturhilfe festlegen
- Häkchen bei Rechtschreibung und Grammatik nicht prüfen setzen.

[2] Bachelor- und Mastergrade werden dem Namen ohne Komma nachgestellt (z. B. Mag.[a] Regina Bogen M. Ed.)

1.2.2 Satzzeichen

Die Satzzeichen (Punkt, Rufzeichen, Fragezeichen, Doppelpunkt, Komma, Semikolon) werden **ohne Leerzeichen** direkt im Anschluss an ein Wort oder Zeichen geschrieben, danach folgt ein Leerzeichen.

Ein Abkürzungs- oder Auslassungspunkt am Satzende schließt den Satzschlusspunkt ein, andere Satzzeichen sind zu setzen.

Passt das für Sie? Montag: geschlossen! Wir verkaufen Bücher, Hefte usw.

1.2.3 Sonderbuchstaben oder diakritische Zeichen

Da es sich bei diesen Zeichen um eine Erweiterung des Alphabets handelt, hat sich in der Schreibweise nichts geändert und die Beispiele aus dem Buch können weiterhin verwendet werden.

1.2.4 Rechenzeichen

Die Rechenzeichen (Plus, Minus, Multiplikation, Division, Gleichheitszeichen, Zeichen für kleiner und größer) werden mit jeweils einem Leerzeichen davor und danach geschrieben. Auf die Zusammengehörigkeit der Rechenteile ist wiederum zu achten.

Ausnahme: Wird das Minus oder Plus als **Vorzeichen** gebraucht, steht es eng bei der Zahl.

34°+°43°=°77, 18°:°3°=°6, 10°–°12°=°-2, b°·°c°>°d oder b°x°c°>°d

1.2.5 Anführungszeichen

Die Anführungszeichen („ “ oder in Ausnahmefällen « ») sowie die einfachen Formen (‚ ‘ oder in Ausnahmefällen ‹ ›) stehen ohne Leerzeichen vor und nach den eingeschlossenen Texten; davor und danach ist ein Leerzeichen zu setzen.

„Die Zeitung ‚Die Presse‘ erscheint täglich.“

Die DIN 5008 verweist darauf, dass bei fremdsprachigen Texten und Zitaten die der jeweiligen Sprache entsprechenden Anführungszeichen zu verwenden sind.

Er sagte: “Better late than never!” Und sie auf Französisch: «Mieux vaut tard que jamais!»

1.2.6 Klammern

Klammern (runde, eckige, spitze und geschwungene) werden ebenfalls ohne Leerschritt vor und nach den eingeschlossenen Texten geschrieben; davor und danach ist ein Leerzeichen zu setzen.

Eckige Klammern werden innerhalb eines eingeklammerten Textes verwendet. In Lexika und Nachschlagewerken werden Klammern auch zur Merkmalsklassifizierung verwendet: z. B. eckige Klammern für die Lautschrift oder Spitzklammern für die Herkunftssprache.

Die Rechnung (über €°250,00) ist heute fällig. *„Nach einem* ***Zitat*** *wird der Name des Autors oder die Fundstelle zwischen runde Klammern gesetzt.“* (Österreichisches Wörterbuch, 2016, S.°921)

(Betroffen sind Eltern mit [schulpflichtigen] Kindern.) Sieb[en]tens. Drücken Sie die Taste <Strg>.

Dyspepsie <griech.>, Inlay [ˈɪnlɛɪ̯] <engl.>

Aber: Abteilungs(fach)vorstand

1.2.7 Apostroph (Auslassungszeichen)

Der Apostroph ersetzt ausgelassene Buchstaben. *Ausnahmen:* „ins" und „fürs"

Das sind paradies'sche Zustände. Ein einz'ger Augenblick. Jetzt ist's genug!

Am Wortanfang wird er nicht automatisch hochgestellt, er kann als ANSI-Zeichen (Alt-Taste und die Zahl „0146") eingefügt werden.

's war mir 'n Fest.

1.2.8 Auslassungspunkte

Drei Auslassungspunkte zeigen an, dass ein Wortteil, ein Wort, ein Satz oder ein längerer Textteil ausgelassen wurde. Fällt ein Wortteil aus, schließen die Auslassungspunkte direkt an. Stehen Auslassungspunkte am Satzende, entfällt der Punkt (andere Satzzeichen müssen geschrieben werden!).

Ver...! Es war einmal°...

Auslassungen bei Zitaten in wissenschaftlichen Texten werden zusätzlich durch eckige oder runde Klammern gekennzeichnet (je nach Vorgabe der Fakultät).

„Der SWIFT-Code kann aus acht oder elf Zeichen°[...] bestehen." Falls explizit gefordert: „Das ist°(...) verständlich."

1.2.9 Paragrafzeichen

In Verbindung mit einer **nachgestellten Zahl** wird das Wort „Paragraf" durch das Zeichen ersetzt. Zwischen Ziffer und Paragrafzeichen ist ein (ggf. geschütztes) Leerzeichen zu setzen.

Zwei Paragrafzeichen kennzeichnen den Plural.

Hier ist §°9°Abs.°5 anzuwenden. Die §§°10 bis 15 sind noch gültig.

Aber: Der entsprechende Paragraf war nicht zu finden.

1.2.10 Prozent- und Promillezeichen

In **Verbindung mit einer Zahl** wird das Wort Prozent oder Promille durch das entsprechende Zeichen ersetzt. Zwischen der Ziffer und dem Prozent- oder Promillezeichen ist ein (ggf. geschütztes) Leerzeichen zu setzen. Bei Ableitungen entfällt das Leerzeichen.

Wir bieten 5°% Skonto bei 30%iger Umsatzsteigerung. Die Grenze liegt bei 0,05°‰!

Aber: Auf diesen Einkauf erhalten Sie keine Prozente. Beachten Sie die Promillegrenze!

1.2.11 Durchmesser

Das Durchmesserzeichen wird häufig in technisch orientierten Texten und technischen Zeichnungen in Verbindung mit einer **nachgestellten Zahl** verwendet. Zwischen Ziffer und Durchmesserzeichen ist ein (ggf. geschütztes) Leerzeichen zu setzen.

Wir liefern Ihnen die Rohre mit Ø°5°cm nur in der Länge von 100°cm.

Aber: Wir benötigen den genauen Durchmesser der Rohrleitung.

1.2.12 Zollzeichen

Als Zollzeichen wird das Anführungszeichen in Verbindung mit einer Zahl verwendet. Es wird **ohne Leertaste an die vorangestellte Zahl** geschrieben.

Der Bildschirm hat eine Diagonale von 17". 0,393°700°787°401°574" sind 1°cm.

1.2.13 Et-Zeichen

Das kaufmännische Zeichen für „und“ (= et) durfte bisher lediglich in Firmenbezeichnungen verwendet werden, nach DIN 5008 darf es auch bei zusammengehörenden Wörtern in Titeln und Überschriften (nicht im Fließtext!) vorkommen. Davor und danach ist ein (ggf. geschütztes) Leerzeichen zu setzen.

Die Firmen C°&°A und Peek°&°Cloppenburg sind bekannte Labels. Die Firma Starzinger°GmbH°&°Co°KG hat ihren Firmensitz in Frankenmarkt.

White Label und E-Commerce *oder* White Label u. E-Commerce *oder* White Label°&°E-Commerce

Nägel und Schrauben *oder* Nägel°u. Schrauben *oder* Nägel°&°Schrauben

1.2.14 Genealogische Zeichen

Die Zeichen für „geboren“ und „gestorben“ dürfen in Verbindung mit einem Datum verwendet werden und werden mit einem (ggf. geschützten) Leerzeichen vom Text getrennt.

Wolfgang Amadeus Mozart, *°27.°Jänner°1756, †°5.°Dezember°1791

1.2.15 Verhältniszeichen

Das Verhältniszeichen wird als Doppelpunkt mit einem (ggf. geschützten) Leerzeichen davor und danach dargestellt.

Das Spiel endete 3°:°4, Maßstab 1°:°1000

1.2.16 Grad-, Minuten- und Sekundenzeichen

Das Gradzeichen wird bei Temperaturangaben in Verbindung mit dem Kennbuchstaben der Temperaturskala geschrieben. Zwischen der Zahl und dem Gradzeichen ist ein (ggf. geschütztes) Leerzeichen zu setzen.

Es hat heute -3°°C. Wir erwarten Temperaturspitzen von +42°°C. 1°°C entspricht 274,15°°K und 33,8°°F.

Die Einheitenzeichen für Grad, Minuten und Sekunden werden direkt zur Zahl geschrieben.

Der Winkel hat 30°. Der gesuchte Ort befindet sich auf 48°18'23" und 14°17'9".

1.2.17 Nummernzeichen

Das Zeichen für Nummer(n) darf nur in Verbindung mit darauffolgenden Ziffern verwendet werden. Es wird mit einem Leerzeichen davor und danach geschrieben, darf jedoch bei einem Zeilenumbruch nicht von der Zahl getrennt werden (geschütztes Leerzeichen).

Der Artikel #°27°544 wurde heute ausgeliefert. Die Artikel #°7 und 14 sind ausverkauft.

1.2.18 Lang- bzw. Kurzstrich (= Mittelstrich)

Der Mittelstrich wird für Wortzusammensetzungen, Wortergänzungen und als Wortersatzzeichen verwendet.

Die DIN 5008 verwendet anstelle des (auch bei uns üblichen) Wortes „Mittelstrich" die Bezeichnungen **„Langstrich"** für den Halbgeviertstrich und **„Kurzstrich"** für „Bindestrich", um die Schreibweise zu verdeutlichen.

Bindestrich

Wort- und Zeichenzusammensetzungen werden mit dem Kurzstrich als **„Bindestrich"** geschrieben. Treffen drei gleiche Buchstaben in einem Wort zusammen, kann der Bindestrich gesetzt werden. Wird jedoch eine Verbindung von Buchstaben und Ziffern als Einheit empfunden, kann auf den Bindestrich verzichtet werden.

Magen-Darm-Problem, Linz-Auhof, der 75-Jährige, der 6-zylindrische Motor, ½-l-Flasche, ein 2°:°1-Sieg, 20°%-Regel, Richard-Wagner-Festspiele, Alt-Wiener Backtradition, Kunststoff-Flasche, Kongress-Saal, Geschirr-Reiniger

Ergänzungsstrich (Wortergänzung)

Um bei der Zusammenfassung mehrerer Wörter Wortwiederholungen zu vermeiden, wird der Kurzstrich als **„Ergänzungsstrich"** gesetzt.

Ein- und Verkauf, Warenannahme und -ausgabe, Lebensmittelgroß- und -einzelhandel, ¼-, 1- und 4-prozentig

Gedankenstrich

Als **Gedankenstrich** ist der **Halbgeviertstrich** mit jeweils einem (ggf. geschützten) Leerzeichen davor und danach zu verwenden. Satzzeichen folgen dem zweiten Gedankenstrich ohne Leerzeichen. Statt des Halbgeviertstrichs darf auch der Langstrich (Strg + −-Taste) verwendet werden.

Wir erwarten°– trotz der derzeitigen Lage°– eine Gewinnsteigerung. Wir erwarten°– trotz der derzeitigen Lage°–, dass der Gewinn steigt.

Strich für „gegen"

Als Zeichen für „gegen" wird der **Langstrich** (= Halbgeviertstrich) mit je einem **Leerzeichen davor und danach** verwendet.

Gegen: Sturm°– GAK, Mayweather°– McGregor

Im **Behördenschriftverkehr** wird als Ersatz für das Wort „gegen" die Zeichenkombination ./. verwendet.

Die Streitsache Mayr°./.°Hofer. Die Scheidung Gruber°./.°Gruber fand einvernehmlich statt.

Bei den nachfolgenden Schreibweisen des Mittelstrichs widersprechen sich die DIN 5008 und der Duden sowie das Österreichische Wörterbuch! Es müssen also alle Schreibweisen als korrekt angesehen werden.

Strich für „bis"

Die DIN 5008 lässt als Zeichen für „bis" den Langstrich (= Halbgeviertstrich) zu. **Davor und danach** ist ein **Leerzeichen** zu setzen.

09:30°–°10:15°Uhr **Aber:** von 09:30 bis 10:15°Uhr, 5°–°10°€ **Aber:** 5- bis 10-mal, Bergstraße°4°–°9

Der Bis-Strich darf laut DIN 5008 lediglich für Zahlenangaben und abgekürzte Wochentage verwendet werden. Ansonst ist das Wort „bis" auszuschreiben.

Mo°–°Do **Aber:** Montag bis Donnerstag

Der Duden sieht hingegen vor, dass der Bis-Strich als Langstrich (= Halbgeviertstrich) **ohne Leerzeichen** verwendet wird, ergänzt jedoch ebenfalls, dass am Zeilenende oder -anfang statt des Striches das Wort „bis" ebenso wie in der Verbindung mit dem Wort „von" auszuschreiben ist.

09:30–10:15 Uhr **Aber:** von 09:30 bis 10:15 Uhr, 5–10 € **Aber:** 5- bis 10-mal, Bergstraße 4–9

Das Österreichische Wörterbuch weicht in Kleinigkeiten von den Vorgaben des Duden ab und verwendet den Bis-Strich (egal ob als Kurzstrich oder Langstrich) **immer ohne Leerzeichen:**

9:30–10:15 Uhr **Aber:** von 9:30 bis 10:15 Uhr, 5–10 €, 5- bis 10-mal *oder* 5–10-mal, Bergstraße 4-9 *oder* Bergstraße 4–9

Streckenstrich

DIN 5008 und Österreichisches Wörterbuch: Bei Streckenangaben wird der **Langstrich** (= Halbgeviertstrich) als „Streckenstrich" – mit je einem (ggf. geschützten) **Leerzeichen davor und danach** – verwendet.

Die Bahnstrecke Wien°– Linz ist gesperrt. Der Flug Berlin°– London wurde verschoben.

Der Duden verwendet den Langstrich (= Halbgeviertstrich) **ohne Leerzeichen.**

Die Bahnstrecke Wien–Linz ist gesperrt. Der Flug Berlin–London wurde verschoben.

1.2.19 Schrägstrich

Der Schrägstrich wird bei **Zahlenangaben** als Ersatz für die Worte „je", „und", „oder", „bzw." und „pro" oder als Bruchstrich **ohne Leerzeichen** verwendet.

140°km/h, 20°000°Bäume/ha, ¼, ½, 3°1/5 **Aber:** 31/5

Mit dem Schrägstrich können aber auch Wörter oder Zahlen im Sinne von „und/oder" zusammengefasst werden.

Kolleginnen/Kollegen, sie/er, 1./2.°Dezember, Juli/August, ÖVP/FPÖ, Kreuzung Neugasse/Binderweg

Für die Gliederung von Akten- oder Diktatzeichen wird der Schrägstrich ebenfalls verwendet.

Akte #°27/11, Rechnung-Nr.°3456/19, Ma/Jv

Der Schrägstrich darf bei der Zusammenfassung von Wortgruppen mit einem Leerzeichen davor und danach verwendet werden. Eine Trennung vor dem Schrägstrich ist ggf. mit einem geschützten Leerzeichen zu vermeiden.

Die Reise ist für Ende Juni°/ Anfang Juli geplant. Wir hoffen, dass die Bestellung noch diese Woche°/ nächsten Monat an Sie versandt werden kann.

Hausnummern

Der Schrägstrich kann aber auch als Ersatz für den Lang- bzw. Kurzstrich bei Hausnummern verwendet werden.

Laut Vorgaben der Österreichischen Post AG ist der einfache Schrägstrich explizit für das Anschriftenfeld vorgeschrieben. (Siehe Empfängeranschrift, Seite 17 f.)

Hofgasse°4/6 (= Hofgasse°4–6 bzw. Hofgasse 4°–°6 bzw. Hofgasse°4-6 bzw. Hofgasse°4°u.°6)

Tür Nr.°12/13 (= Tür Nr.°12–13 bzw. Tür Nr.°12°–°13 bzw. Tür Nr.°12-13 bzw. Tür Nr.°12°u.°13)

Die DIN 5008 führt zusätzlich die Schreibung von Angaben zur Wohnung bzw. zum Stock an. Dabei werden zwei Schrägstriche mit jeweils einer Leertaste davor und danach verwendet.

Hofgasse°4°//°W°12 (= Hofgasse 4, Wohnung Nr. 12)

Hofgasse°4°//°8.°Stock

Zusätze zu Hausnummern können sowohl klein als auch großgeschrieben werden, sie sind jedoch mit einem (ggf. geschützten) Leerzeichen von der Nummer zu trennen.

Hofgasse°25°a, Landstraße°17°B

1.3 Geschlechtergerechte Formulierungen

In Österreich ist die sprachliche Gleichberechtigung beider Geschlechter im Bundes-Verfassungsgesetz Artikel 7 Absatz 2 gesetzlich verankert. In Artikel 7 Absatz 3 wird auf die geschlechtsspezifische Form von Amtsbezeichnungen, Titeln, akademischen Graden und Berufsbezeichnungen verwiesen (Bundes-Verfassungsgesetz, 1930).

Aktuelle Informationen zu den in Österreich gewünschten und üblichen Schreibweisen finden Sie auch hier: www.trauner.at/geschlechtergerecht-formulieren

Bei der geschlechtergerechten Formulierung ist darauf zu achten, dass beide Geschlechter symmetrisch benannt und gleichwertig dargestellt werden und die Formulierungen keine stereotypen Sprachbilder in sich tragen. (Kein Sexismus in der Sprache!) Geschlechtsneutrale Formulierungen sind als Alternative immer möglich, wenn der Sinn des Textes dadurch nicht verfälscht wird.

1.3.1 Vollständige Paarform

Vom Bundesministerium für Bildung wird vorgeschlagen, **grundsätzlich die vollständige Paarform,** also sowohl die weibliche als auch die männliche Form, zu verwenden, um die Geschlechter eindeutig sichtbar zu machen.

Die Schülerinnen und Schüler sowie die Lehrerinnen und Lehrer ...

1.3.2 Kurzformen bzw. Sparschreibungen

Bei den sogenannten „Sparschreibungen" (von denen sowohl im Österreichischen Wörterbuch als auch in den Richtlinien des Bundesministeriums abgeraten wird) können geschlechtsspezifische Endungen auf unterschiedliche Weise dargestellt werden. Es ist jedoch, vor allem bei Konjunktionen, **immer auf die grammatikalisch korrekte Schreibung** zu achten. Eine **Weglassprobe** ist bei allen Sparschreibungen **unerlässlich!** Zu bedenken ist ebenso, dass eine verkürzte Schreibweise Texte schwerer lesbar macht.

Schrägstrich

Die geschlechterbezogene Endung kann mithilfe eines Schrägstrichs dargestellt werden. Meist wird diese Schreibweise bei kurz zu haltenden Texten oder Formularen verwendet. Eine weitere Regelung besteht darin, dass nicht mehr als ein Schrägstrich pro Wort verwendet werden soll.

Die Schüler/innen sowie die Lehrer/innen ...

Aber: Bei den Schülerinnen/Schülern und den Lehrerinnen/Lehrern ...

Das Österreichische Wörterbuch führt in einem Beispiel auch die Schreibung Schüler/-innen als korrekt an.

Von der Verwendung von Klammern ist abzuraten, da sie der Gleichstellung widersprechen, bei korrekter Schreibweise [Schüler(innen)] ist sie jedoch nicht als Fehler zu werten.

Binnen-I

Im Wortinneren kann anstelle des Schrägstrichs auch das „I" großgeschrieben werden, diese Schreibweise ist zwar in keinem Regelwerk zu finden, kann aber bei korrekter Verwendung nicht als falsch gerechnet werden.

Die SchülerInnen ... **jedoch nicht möglich:** Bei den SchülerInnen ... **die richtige Lösung wäre in diesem Fall:** Bei den Schülerinnen und Schülern ... *oder:* Bei den Schülerinnen/Schülern ...

Gendersternchen

Abgeleitet vom englischen „Gender" (soziales Geschlecht) wird in einem Skriptum der Universität Wien das Sternsymbol (*) zur Kennzeichnung von männlichen, weiblichen sowie nichtbinären Geschlechtsidentitäten verwendet. Diese Schreibweise ist in keinem Regelwerk enthalten, wird aber von einigen Institutionen und Behörden eingesetzt und auch die DIN 5008 verweist darauf, die Entwicklung der deutschen Rechtschreibung diesbezüglich zu beobachten. Die sprachliche Korrektheit wird bei dieser Schreibweise ignoriert.

Die Schüler*innen, die Kolleg*innen, ein*e Maler*in

1.3.3 Sichtbarmachung beider Geschlechter

Bei **Berufsbezeichnungen** wird sowohl die weibliche als auch die männliche Form gebraucht.

Fachmann – Fachfrau; Direktor – Direktorin

Gibt es diese Möglichkeit nicht, können beide Geschlechter durch die Verwendung der **Attribute** „weiblich" und „männlich" sichtbar gemacht werden.

Der weibliche Gast ...

1.3.4 Akademische Grade

Akademische Grade können (außer im Anschriftenfeld für den Postversand – siehe Empfängeranschrift, Seite 17 f.) auch mit einem geschlechtsspezifischen Zusatz versehen werden.

Dr.^{in}, Mag.^{a}, Dipl.-Päd.^{in}, Dipl.-Ing.^{in}

2 Textelemente

2.1 Ziffern und Zahlen

In Texten können die Zahlen von eins bis zwölf ausgeschrieben werden. Will man die Aufmerksamkeit auf die Zahl lenken, kann diese auch als Ziffer geschrieben werden. Die gewählte Schreibweise sollte jedoch im Text einheitlich beibehalten werden.

Julia hat bei dieser Übung 12 von 48 möglichen Punkten erreicht.

Oder: Julia hat bei dieser Übung zwölf von achtundvierzig möglichen Punkten erreicht.

Werden Geld- und Maßeinheiten abgekürzt, wird die Zahl als Ziffer geschrieben (z. B. € 6). Bei ausgeschriebenen Einheiten kann auch die Zahl ausgeschrieben werden (z. B. sechs Euro = 6 Euro).

2.1.1 Gliederung von Zahlen

Das Komma wird als Dezimalzeichen verwendet. Zahlen **dürfen durch (ggf. geschützte) Leerzeichen** in Dreiergruppen unterteilt werden (gerechnet vom Dezimalzeichen nach links oder rechts). Bei vierstelligen Zahlen kann auf den Leerschritt verzichtet werden. Bei Zahlen, die eine Nummer darstellen (z. B. Telefonnummer, IBAN, ISBN, Konto-Nr.) sind auch andere Gliederungen als Dreiergruppen gebräuchlich. Jahreszahlen und Postleitzahlen werden grundsätzlich nicht gegliedert.

123°456,654°321; 4020

Die Gruppen **müssen** durch ein **(ggf. geschütztes) Leerzeichen** und nicht durch irgendein anderes Zeichen getrennt werden.

2.1.2 Währungen und Maßeinheiten

Bei **Geldbeträgen kann** aus Sicherheitsgründen der **Punkt** als Trennzeichen verwendet werden.

Die Trennung von Ziffer und Einheit ist zu vermeiden, ggf. ist ein geschütztes Leerzeichen zu setzen; die Einheit folgt nach der Zahl, Währungseinheiten können auch vor der Zahl stehen!

123°456°Bewohner, 25°666,33°mm, 3°566,582°635°g

9.123.566,50°€ = €°9.123.566,50, 8°Mio.°€, 69,7°kg

Achtung: Wertebereiche und Relationen zwischen Größen müssen **mathematisch korrekt** und **eindeutig** sein.

20°°C bis 30°°C (nicht: 20 – 30°°C = *Verwechslung mit einer Subtraktion möglich!*)

Mikrozeichen

Das Mikrozeichen (µ = my für Mikro = 0,000 001 = 10^{-6}) wird zur Darstellung des Millionstels einer Einheit verwendet und mit dieser ohne Leerzeichen zusammengeschrieben. Es darf nur in Verbindung mit Zahlen verwendet werden.

15°µm = 15 Mikrometer, 6°µl = 6 Mikroliter **Aber:** Bei uns zählt jedes Mikrogramm!

2.1.3 Datum

Für die **alphanumerische Datumsschreibung** gilt die Reihenfolge: Tag, Monat und Jahr. Die Jahreszahl wird vierstellig geschrieben, der Tag erhält keine führende Null. Im Fließtext sollte der Monat ausgeschrieben und nicht abgekürzt werden.

Die Abkürzungen für die Monatsnamen können beispielsweise in Aufstellungen verwendet werden und lauten: Jan., Feb., Mär./März, Apr., Mai, Jun./Juni, Jul./Juli, Aug., Sept., Okt., Nov., Dez.

1.°Jänner°2027, 31.°Dezember°2025; 5.°Feb.°2026

Die **numerische Datumsschreibung** beginnt (international üblich) mit dem Jahr, gefolgt vom Monat und Tag, als Trennzeichen wird der **Kurzstrich** verwendet. Die Jahreszahl wird vierstellig, Monat und Tag werden zweistellig angegeben.

2027-01-01, 2025-12-31

In Deutschland und wenn Missverständnisse auszuschließen sind, darf die Reihenfolge umgedreht werden. Dann ist jedoch der Punkt als Trennzeichen zu verwenden.

01.01.2027, 31.12.2025

Im Österreichischen Wörterbuch sind zusätzlich andere Schreibweisen erlaubt. So kann auf den Kurzstrich verzichtet werden und bei der Datumsschreibung mit Punkt wird ein Leerzeichen gesetzt und Monat sowie Tag können einstellig geschrieben werden. Auch auf die Zusammenschreibung am Zeilenende wird nicht geachtet.

20270101 (= ebenfalls zugelassene Variante: 2027-01-01), 20251231 = 2025-12-31

1.°1.°2027, 31.°12.°2025

2.1.4 Uhrzeit

In der DIN 5008 ist eine Gliederung mit Doppelpunkt sowie mit und ohne führende Null erlaubt. Volle Stunden können auch ohne Minutenangabe geschrieben werden, wenn Verwechslungen ausgeschlossen sind. Das Österreichische Wörterbuch erlaubt zusätzlich das Hochstellen der Minutenzahl oder des Zeichens „h“ für Stunde.

5:30°Uhr *oder* 05:30°Uhr *oder* 5^{30}°Uhr *oder* 5:30^{h}, 12:00°Uhr *oder* 12°Uhr

Bei Angaben der Uhrzeit bzw. Dauer werden Stunden, Minuten und Sekunden jeweils mit zwei Ziffern getrennt durch einen Doppelpunkt (ohne Leertaste) geschrieben. Hundertstelsekunden werden mit einem Komma getrennt.

15:20:23°Uhr, Dauer: 05:02:04°h, 6:42°Sekunden

2.1.5 Telefonnummern

Nach DIN 5008 werden Telefonnummern ausschließlich durch (ggf. geschützte) **Leerzeichen** und nur funktionsbezogen in Länder-, Vorwahl- und Rufnummer gegliedert. Es ist jedoch möglich, die Zahlen der Rufnummer **von rechts beginnend in Zweiergruppen** zu gliedern. Der Duden wiederholt diese Regeln.

Das Österreichische Wörterbuch gibt noch zusätzliche Schreibweisen der **Vorwahl mit Klammern** an und sieht für die Gliederung der Rufnummern vor:

dreistellig = nicht gegliedert: 144
vier- oder sechsstellig = zweistellig von rechts: .... 12°34°56
fünfstellig: .... 123°45 *oder* 12°3°45
siebenstellig: .... 123°45°67 *oder* 12°34°567

Eine eventuelle Durchwahl wird mit einem Kurzstrich oder Schrägstrich dargestellt.

0732°123°45°67-89 *oder* 0732°123°45°67/89 *oder* (0732)°123°45°67-89 *oder* (0732)°123°45°67/89

Bei **internationalen Länderkennungen** kann das **Pluszeichen** verwendet werden, bei den Ortsnetz- bzw. Vorwahlnummern entfällt in diesem Fall die Null.

0732°34568899-17 *oder* 0732°34°56°88°99-17, +43°664°1234567 *oder* +43°664°123°45°67

(07252)°123°45 *oder* (0°72°52)°12°3°45 *oder* 07252°12345 *oder* ++43-7252-123°45-0

Als Kennzeichnung für Festnetz, Mobilfunk oder Fax sollen lt. DIN 5008 entsprechende Symbole oder Texte verwendet werden. Zur besseren Lesbarkeit dürfen funktionsbezogene Teile zusätzlich durch Fettschrift oder Farbe hervorgehoben werden.

Telefon: +43 732 345 688 = ✆ +43 732 345 688 = 🕾 +43 732 345 688

Tel: +43 **1** 345 688 | Fax: +43 1 345 688-**27** | Mobil: +43 664 345 68 89 | Mail: office@hpm.at

🕾 +43 **1** 345 688 | 🖷 +43 1 345 688-**27** | 📱+43 664 345 68 89 | @ office@hpm.at

Zeichen	Abkürzung	Verwendungsmöglichkeit	Unicode[3]
✆	Tel.	Allgem. Telefonsymbol	U+2706
🕾	Tel.	Festnetz, Zentrale	U+1F57E
📱	Mobil	Mobiltelefon (Linux = DIN)	U+1F4F1
📱 📱	Mobil	Mobiltelefon (Windows)	U+1F4F1
🖷	Fax	Telefax	U+1F5B7
🖯	Internet	Homepage, Internetadresse	U+1F5AF
@	E-Mail	E-Mail-Adresse	U+004

2.1.6 Aufstellungen mit Zahlen

Aufstellungen werden **nach dem letzten Schriftzeichen jeder Zahlengruppe ausgerichtet.** Die Dezimalzahlen müssen **an der Kommastelle untereinanderstehen** (= Dezimaltabulator).

Nr.	Datum	EUR
12/21	2023-09-01	566,30
245/21	2023-10-13	6.723,00
1032/21	2023-12-31	15,60

[3] So funktioniert es in WORD: Unicode im Text eingeben und anschließend ALT + C drücken, der Unicode wird in das gewünschte Zeichen umgewandelt. Das Zeichen für Mobiltelefon sieht, abhängig vom Betriebssystem und der eingestellten Schriftart, unterschiedlich aus! Die blaue Färbung kann mit Umstellen der Schriftfarbe von AUTOMATISCH auf die gewünschte Farbe entfernt werden.

2.1.7 Summenschreibung

DIN 5008

Zur Schreibung von Summen wird in der DIN 5008 lediglich angeführt, dass der Summen- bzw. Abschlussstrich durch die **Funktionen des jeweiligen Programms** bestimmt wird. In den dargestellten Beispielen wird das Minuszeichen miteinbezogen, jedoch nicht explizit erwähnt.

1.275,20 €	EUR 1.275,20	1.275,20 cm	1 275,20 cm
275,20 €	EUR 275,20	275,20 cm	– 275,20 cm
1.550,40 €	**EUR 1.550,40**	1.550,40 cm	1 000,00 cm

2.1.8 Exponenten und Indizes

ÖN

DIN 5008

Exponenten und Indizes werden **ohne Leerzeichen** an die Basis angefügt.

10^2, $a^2 + b^2 = c^2$, H_2O, $f_x = mx + n$

2.2 Nummerierung und Gliederung

2.2.1 Abschnitte

DIN 1421

DIN 5008

Die Gliederung von Abschnitten erfolgt in **arabischen Zahlen.** In einer Abschnittsnummer ist nur zwischen zwei Stufen ein Punkt als Gliederungszeichen zu setzen, demgemäß steht am Ende der Abschnittsnummer kein Punkt.

Falls der erste Abschnitt allgemeingültige Angaben (z. B. Einleitung, Präambel) enthält, darf dafür die Zählnummer „0" verwendet werden.

1 Erste Stufe

Der Text, der jeder Stufe zugeordnet ist, beginnt an der Fluchtlinie der Abschnittsnummern. Die Abschnittsüberschriften sind durch je eine Leerzeile vom Text abzusetzen. Die Abschnittsüberschriften beginnen an einer zweiten Fluchtlinie.

1.1 Zweite Stufe

Im Inhaltsverzeichnis oder in Übersichten müssen alle Abschnittsnummern an derselben Fluchtlinie beginnen.

1.1.1 Dritte Stufe

Die Abschnittsüberschriften – auch mehrzeilige – beginnen an einer weiteren Fluchtlinie. Nach Abschnittsnummern folgt ein Abstand von mindestens zwei Leerzeichen bzw. einem Geviert.

2.2.2 Aufzählungen

DIN 1421

DIN 5008

Aufzählungen sind zu Beginn und am Ende durch einen – einer Leerzeile entsprechenden – Abstand zu trennen. Sie dürfen als **arabische Zahlen samt nachfolgendem Punkt, lateinische Kleinbuchstaben samt nachfolgender Klammer, Langstrich** oder **optisch prägnantes Zeichen** ausgeführt werden.

Einzelne Aufzählungspunkte dürfen – vor allem, wenn sie **mehrzeilig** sind – durch einen **Abstand,** der einer Leerzeile entspricht, getrennt werden.

Mehrstufige Aufzählungen sollen **je Aufzählungsebene eine eigene Fluchtlinie** erhalten (siehe linkes Bespiel), bei **Abschnitten** (siehe rechtes Beispiel) ist dies **nicht notwendig.**

1. Die Ordnungszahl steht am linken Rand, der Text eingerückt darunter.	1 Die Ordnungszahl steht am linken Rand, der Text eingerückt darunter.
2. Die nachfolgenden Ebenen werden mit Kleinbuchstaben gekennzeichnet.	1.1 Die nachfolgenden Ebenen werden mit Kleinbuchstaben gekennzeichnet.
a) Diese Ebene steht eingerückt an der Fluchtlinie der oberen Ebene.	a) Diese nachfolgenden Ebenen stehen ebenfalls an der Fluchtlinie.
– Der Langstrich wird zur rein typografischen Hervorhebung genutzt.	● Ein Symbol wird zur rein typografischen Hervorhebung genutzt, aber wiederum eingerückt.

2.2.3 Absatznummerierung

DIN 1421

Um **Absatznummern deutlich von Abschnittsnummern zu unterscheiden,** sind diese vorzugsweise einzuklammern. Sie dürfen aber auch mit einem nachfolgenden Kurzstrich gekennzeichnet sein. Der Text, der einer Absatznummerierung folgt, wird nicht eingerückt.

1. Dies ist ein Text mit einer Aufzählung.	1. Dies ist ein Text mit einer Aufzählung.
(1) Und dies der erste Absatz, gekennzeichnet durch eine Absatznummerierung mit Klammern.	1- Und dies der erste Absatz, gekennzeichnet durch eine Absatznummerierung mit Kurzstrich.

3 Briefgestaltung

Das Österreichische Wörterbuch gibt zwar beispielhafte Grundsätze für die Schreibung der Anschrift, verweist aber auf die **Bestimmungen der Post,** die eingehalten werden sollen. Der Duden hingegen verweist auf die **DIN 5008,** die daher als einzige Regeln zu den Briefteilen (über das Anschriftenfeld hinaus) vorgibt.

Die Gestaltung der Empfängeranschrift nach DIN 5008 unterscheidet sich von den Vorgaben der Österreichischen Post AG vor allem im Abstand zwischen Rücksendeangaben und Empfängeranschrift – sowie in der Gestaltung der Zusatz- und Vermerkzone. Laut DIN 5008 sind Rücksendeangaben und Zusatzvermerke in reduzierter Schriftgröße und ohne Leerzeilen auszuführen.

In Österreich erscheint es sinnvoll, sich bei der **Gestaltung der Empfängeranschrift** an die **Vorgaben der Österreichischen Post AG** zu halten, um einen reibungslosen Versand zu garantieren. Auf die Unterschiede zwischen den Vorgaben der Post und der DIN 5008 wird in diesem Leitfaden hingewiesen.

3.1 Briefteile

DIN 5008

Die Lage und Maße der einzelnen Briefteile richtet sich nach der Papiergröße DIN A4 und der Positionierung eines eventuellen Fensters in Fensterkuverts.

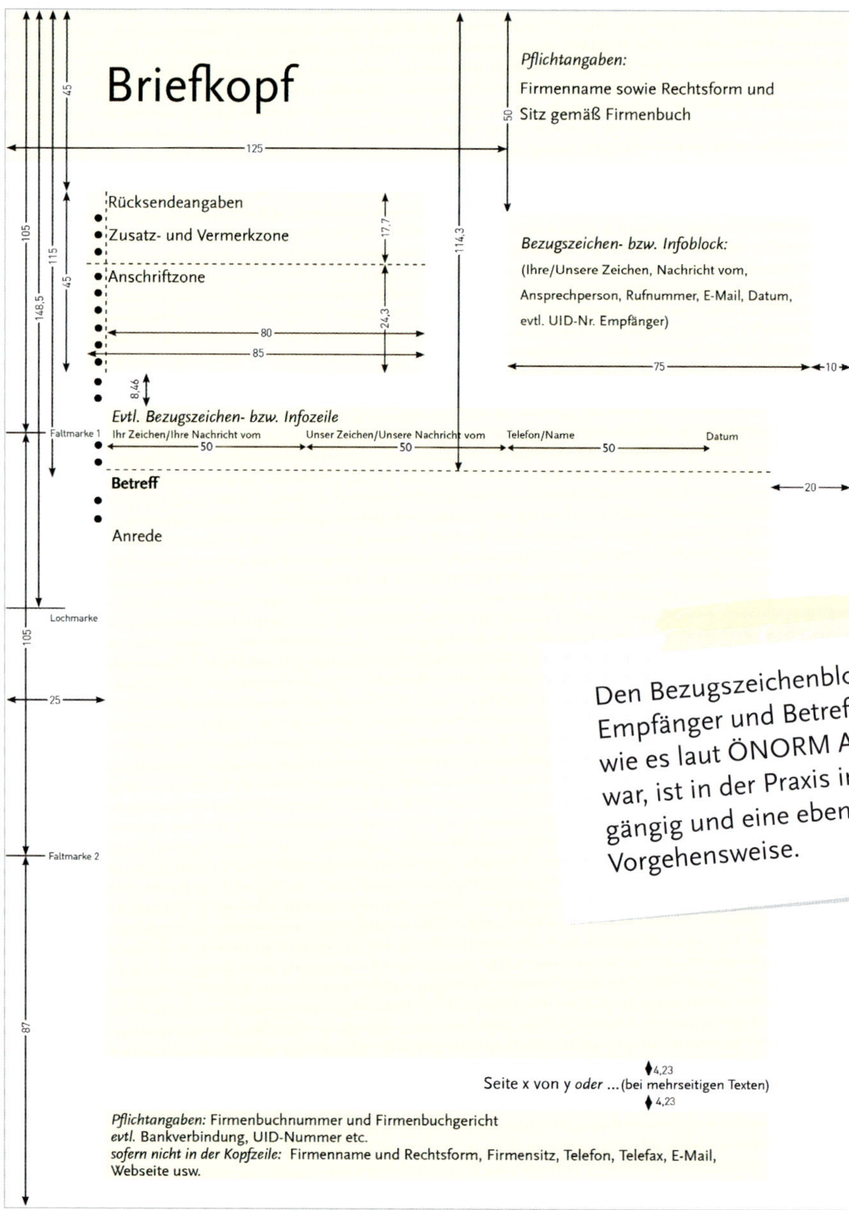

Den Bezugszeichenblock zwischen Empfänger und Betreff zu platzieren, wie es laut ÖNORM A1080 gefordert war, ist in der Praxis immer noch gängig und eine ebenso korrekte Vorgehensweise.

Pflichtangaben

Die **Pflichtangaben für Geschäftskorrespondenz** sind im **Unternehmensgesetzbuch** und in der **Gewerbeordnung** geregelt und werden in der Regel in der Kopfzeile bzw. im Feld für die Geschäftsangaben in der Fußzeile angeführt. Welche Angaben konkret anzuführen sind, hängt von der Rechtsform des Unternehmens sowie von der Art des Geschäftspapiers und von der Form der Übermittlung ab. Zu den üblichen Pflichtangaben zählen neben dem **Firmennamen** sowie der **Rechtsform** der **Sitz gemäß Firmenbuch,** die **Firmenbuchnummer** und das **Firmenbuchgericht.** (Auf Unternehmen in Liquidation ist hinzuweisen!) **Bankverbindungen** können, müssen aber nicht angegeben werden.

Bei **Rechnungen** gelten (über die Angabe des Absenders und Empfängers hinaus) zusätzliche Pflichtangaben: eine einmalige **fortlaufende Nummer,** die **Umsatzsteueridentifikationsnummer** (UID-Nummer) des Ausstellers der Rechnung, bei Rechnungen über 10.000 Euro sowie bei Reverse-Charge-Umsätzen und bei innergemeinschaftlichen Lieferungen zusätzlich die UID-Nummer des Leistungsempfängers. Weiters sind anzugeben: **Tag der Lieferung** oder Leistung bzw. der Zeitraum, über den sich die Leistung erstreckt, **Menge** und **handelsübliche Bezeichnung der Ware** oder **Art und Umfang der Leistung,** das **Entgelt** – das ist der Nettobetrag – für die Lieferung oder Leistung sowie der **anzuwendende Steuersatz** oder, falls zutreffend, ein Hinweis auf eine Steuerbefreiung sowie der auf das Entgelt entfallende Steuerbetrag.

3.1.1 Briefkopf

DIN 5008

Für den **Absendernamen** bzw. Firmennamen und die Rechtsform sowie die Anschrift steht im oberen Teil einer Vorlage ein über die gesamte Blattbreite reichendes Feld zur Verfügung, dessen Höhe zwischen **27 mm** und höchstens 45 mm (nach den Angaben der Österreichischen Post AG für die Ruhezone lediglich **40 mm!**) beträgt. Dieser Bereich ist frei, evtl. nach vorgegebenem Corporate Design, gestaltbar.

Zur vollständigen **privaten Absenderangabe** gehören der Name (Vorname und Nachname samt evtl. akademischen Graden), die Anschrift (Straße samt Nummer, Postleitzahl und Ort) sowie im internationalen Schriftverkehr das Land. Kommunikationsangaben (z. B. Telefon, E-Mail, Internetseite, soziale Netzwerke) dürfen in der Absenderangabe oder im Informationsblock angeführt werden.

3.1.2 Rücksendeangabe

DIN 5008

Dieses Feld (mit den Maßen 5 mm x 85 mm) beginnt **20 mm von der linken Blattkante** und schließt nach unten an das Feld für den Briefkopf an. Die Postanschrift ist in der Fluchtlinie (25 mm vom linken Blattrand) einzeilig in einer **Schriftgröße von ca. 8 Pt.** zu schreiben. Bei längeren Anschriften sollte sinnvoll abgekürzt werden. (In Ausnahmefällen darf nach DIN 16507 eine Schriftgröße von ca. 6 Pt. verwendet werden.)

3.1.3 Zusatz- und Vermerkzone

DIN 5008

Postdienstliche Vermerke zum Versand (z. B. „Einschreiben“, „Eigenhändig“, „Nicht an Postbevollmächtigte“, „Priority“, „Wertbrief“, EMS) werden in die **dreizeilige Zusatz- und Vermerkzone** geschrieben. Die Versandarten und deren Handhabung richten sich nach dem gewählten Beförderungsunternehmen. Informationen z. B. bei der Österreichischen Post AG: www.post.at.

Ebenso können hier **Vermerke zur Wahrung des Briefgeheimnisses,** z. B. „Persönlich“ oder „Vertraulich“, angeführt werden – diese Briefe dürfen in Unternehmen oder Organisationen weder von der Poststelle noch vom Sekretariat geöffnet werden.

3.1.4 Empfängeranschrift

Das **sechszeilige Anschriftenfeld** muss einen **möglichst hellen Hintergrund mit möglichst dunkler Schrift** aufweisen und darf lediglich die Empfängeranschrift enthalten. **Rund um das Anschriftenfeld** muss eine **5 mm breite Ruhezone** freigehalten werden. Lediglich die folgenden Sonderzeichen sind erlaubt: Punkt, Komma, Apostroph, kaufmännisches „und“, Schrägstrich und Kurz- oder Langstrich.

Der gesamte **Anschriftenblock** muss in **derselben Schriftart** und mit **denselben Attributen** formatiert sein. Es ist auf eine **klare Schrift** mit **deutlich voneinander getrennten Buchstaben** ohne Kursiv- oder Zierschrift (fett, schattiert, farbig, Unterstreichungen, Linien, Umrahmungen, Logos etc.) und ohne zusammenhängende Buchstaben (z. B. gedruckte Handschriften, Serifenschriften) oder Negativschriften (helle Schrift auf dunklem Hintergrund) zu achten, um die **Maschinenlesbarkeit** der Empfängeranschrift zu gewährleisten. Daher ist lt. den Richtlinien der Österreichischen Post AG in der Empfängeranschrift keine Kennzeichnung der femininen Form bei akademischen Graden erlaubt.

Vorgeschlagen wird ein **Schriftgrad von 10 Pt. bis 12 Pt.** mit einem **Zeilendurchschuss von ca. 1,0 mm bis 2,5 mm.**

Die Anschrift selbst steht im dafür vorgesehenen Feld oder Fenster und ist **linksbündig an der Fluchtlinie** in einem geschlossenen Block, **ohne Leerzeilen oder Sperrschrift,** zu platzieren. Es dürfen nur **lateinische Druckbuchstaben** und **arabische Ziffern** verwendet werden. Folgende Angaben sind verpflichtend: **Empfängername, Abgabestelle** (Straße, Nr., evtl. Stock, Türnummer etc.), **Postleitzahl, Bestimmungsort** und für Sendungen ins Ausland das **Bestimmungsland** (keine Länderkürzel! – *hier widerspricht die Österreichische Post AG dem Österreichischen Wörterbuch*).

Etwaige **Titel** sind neben der Anrede anzuführen, darunter stehen allfällige **akademische Grade** vor dem Vor- und Familiennamen, **Bachelor-** und/oder **Mastergrade** stehen dahinter. In der Zeile darunter folgen gegebenenfalls **Berufs-** oder **Branchenbezeichnungen.**

DIN 5008

Die **Anrede** wird als **optional** gehandhabt. Auch das Wort „Firma" kann entfallen, wenn aus dem Namen selbst hervorgeht, dass es sich um ein Unternehmen handelt. Untermieter, Gäste oder Einzelempfänger in Firmen, Behörden usw. sind lt. Österreichischem Wörterbuch mit den Zusätzen „bei", „p. A." oder „c/o" bzw. „z. H." oder „zH" zu kennzeichnen. In der DIN 5008 werden diese Zusätze nicht angeführt, stattdessen wird „Herrn" oder „Frau" vor den Namen gestellt.

Frau Professorin Dr. Sabine Sommer Fichtenweg 23/2/12 4020 Linz	Herr Stefan Huber MBA MSc c/o Koller KG Burggasse 22 a 8020 Graz	Obertrummer GmbH Importabteilung z. H. Gudrun Schober Hauptstraße 5-9 1200 Wien

DIN 5008

Im Österreichischen Wörterbuch sind bei **Auslandsanschriften** sowohl der Ort als auch das Land in Normalschrift geschrieben, die Beispiele der Österreichischen Post AG richten sich hingegen nach der DIN 5008, in der beide als **Versalien** formatiert werden. Die DIN 5008 ist in der Erläuterung noch präziser und führt an, dass der **Ort** möglichst in der **Sprache des Empfängerlandes** (z. B. FIRENZE oder BUCURESTI) geschrieben werden soll. Das erleichtert den Postangestellten im Empfängerland die korrekte Zustellung. Das **Bestimmungsland** wird jedoch in der **deutschen Schreibweise** (BELGIEN statt BELGIQUE) geschrieben, da die Zuordnung zum Empfängerland noch im Inland geschieht.

Hotel Negresco 37 Promenade Des Anglais 06000 NICE FRANKREICH	Unterbrunner & Söhne Buchhaltung z. H. Mag. Walter Winter Industriestraße 24 81673 MÜNCHEN DEUTSCHLAND

Wird ein **Postfach**[4] oder der Vermerk **„Postlagernd"** anstelle der Anschrift verwendet, steht der entsprechende Vermerk anstelle der Straße.

Frau Sabine Sommer Postfach 101 4010 Linz	Herr Walter Winter Postlagernd 1020 Wien

[4] Postfachnummern werden nach DIN 5008 von rechts beginnend zweistellig gegliedert: z. B. 1°23; 12°34; 1°23°45

Kommt eine Adresse mehrmals innerhalb eines Postleitzahl-Gebiets und einer Gemeinde vor, so muss der Bestimmungsort geschrieben werden. Hier sind zwei Lösungsmöglichkeiten korrekt:

Herr Herbert Herbst Lindenweg 4 9102 Brückl	Herr Herbert Herbst Lindenweg 4 Brückl 9102 Völkermarkt

Straßennamen

Die Schreibung der Straßennamen wird im Österreichischen Wörterbuch nicht explizit erwähnt, die verwendeten Beispiele stimmen jedoch mit der Schreibweise im Duden und der DIN 5008 überein.

Die Schreibung von Straßennamen entspricht den **Regeln der Namensschreibung,** abweichende Einzelfestlegungen durch die jeweils zuständigen Behörden sind jedoch zu berücksichtigen.

Ableitungen von geografischen Namen auf „-er“ schreibt man vom folgenden Substantiv getrennt, wenn sie die geografische Lage bezeichnen – also bei der Verwendung in Straßennamen. Das erste Wort im Straßennamen wird – ebenso wie dazugehörige Adjektive und Zahlwörter – großgeschrieben.

Brennerstraße, Salzburger Straße, An der Alten Donau, Im Lilienfeld, Lange Gasse, Hoher Markt

Straßennamen mit mehrteiligen Eigennamen werden mit Bindestrich dargestellt. Dieser Bindestrich kann in geografischen Namen, die auf „-er“ abgeleitet werden, auch entfallen.

Franz-Grillparzer-Straße, Dr.-Karl-Renner-Ring, Marie-von-Ebner-Eschenbach-Siedlung

Bad-Kleinkirchheimer-Straße *oder* Bad-Kleinkirchheimer Straße *oder* Bad Kleinkirchheimer Straße

3.1.5 Bezugszeichen- bzw. Infoblock

Der Bezugszeichen- bzw. Infoblock beginnt bei ca. **5 cm** in der **ersten Zeile rechts neben der Zusatz- und Vermerkzone des Empfängeranschriftenfeldes, 12,5 cm vom linken Blattrand entfernt und hat eine maximale Breite von 7,5 cm.**

Die **Reihenfolge der Leitwörter** „Ihr Zeichen“, „Ihre Nachricht vom“, „Unser Zeichen“, „Unsere Nachricht vom“, „Name“, „Telefon“, „Telefax“, „E-Mail“ und „Datum“ ist einzuhalten. Grundsätzlich dürfen Leitwörter ergänzt, weggelassen oder verändert werden. Die **Angaben** sind **mit Leerzeilen** zu **gruppieren.** So ist vor den Leitwörtern „Name“ und „Datum“ jeweils eine Leerzeile vorgesehen.

Obertrummer GmbH, 1200 Wien, Hauptstraße 5-9

12,5 cm vom Blattrand	7,5 cm	
Einschreiben	Ihr Zeichen:	ab-cd
Persönlich	Ihre Nachricht:	20..-01-10
	Unser Zeichen:	zu-xy
Herr		
Herbert Herbst	Name:	Franz Zunder
Lindenweg 4	Telefon:	01 123 45 68-41
Brückl	E-Mail:	franz.zunder@obertrummer.at
9102 Völkermarkt		
	Datum:	20..-01-14

UID-Nummer

Ist die UID-Nummer anzuführen – siehe Pflichtangaben, Seite 17 – kann diese in den Bezugszeichen- bzw. Infoblock integriert werden.

Obertrummer GmbH, 1200 Wien, Hauptstraße 5-9

Einschreiben	Ihr Zeichen:	ab-cd
Persönlich	Ihre Nachricht:	20..-01-10
	Ihre UID-Nr.:	ATU12345678
Herr	Unser Zeichen:	zu-xy
Herbert Herbst	Unsere UID-Nr.:	ATU87654321
Lindenweg 4		
Brückl	Name:	Franz Zunder
9102 Völkermarkt	Telefon:	01 123 45 68-41
	E-Mail:	franz.zunder@obertrummer.at
	Datum:	20..-01-14

3.1.6 Bezugszeichen- bzw. Infozeile

Vor allem **im öffentlichen Dienst** ist die Bezugszeichen- bzw. Infozeile noch in Vordrucken vorhanden. In der Wirtschaft hat sich der flexible Bezugszeichen- bzw. Infoblock durchgesetzt. Die Leitwörter sind so zu setzen, dass ihre **Zeilenoberkante mindestens 8,46 cm** (= 24 Pt. oder 2 Zeilen) **unterhalb** des **Anschriftenfeldes** steht.

Die typischen **Leitwörter** (nicht benötigte Leitwörter dürfen entfallen) sind im Abstand von 5 cm, meist in **Schriftgröße 6 bis 8 Pt.** vorgedruckt, die dazugehörigen Angaben stehen in der jeweils gewählten Schriftgröße darunter.

Ihr Zeichen/Ihre Nachricht vom	Unser Zeichen/Unsere Nachricht vom	Telefon/Name	Datum
ab-cd/20..-01-10	zu-xy/20..-12-21	41/Franz Zunder	20..-01-14

Kommunikationszeile

Die Kommunikationszeile ist eine **Ergänzung der Bezugszeichen- bzw. Infozeile im Briefkopf.** Damit können weitere Angaben wie beispielsweise „Telefax“ oder „E Mail“ angeführt werden. Die Leitwörter sind rechts neben das Feld der Empfängeranschrift zu setzen, wobei die zugehörigen Angaben schreibzeilengerecht in Höhe der letzten Zeile des Empfängeranschriftenfeldes stehen. Die Kommunikationszeile **beginnt bei 12,5 cm von links** und damit **in Flucht mit dem dritten Leitwort** der Bezugszeichenzeile.

4020 Linz		E-Mail	
		franz.zunder@obertrummer.at	
.			
.			
Ihr Zeichen/Ihre Nachricht vom	Unser Zeichen/Unsere Nachricht vom	Telefon/Name	Datum
ab-cd/20..-01-10	zu-xy/20..-12-21	41/Franz Zunder	20..-01-14

3.1.7 Privatbriefe

In Privatbriefen wird lediglich das **Datum** angegeben und es kann die Ortsangabe durch ein Komma getrennt davorgesetzt werden.

Linz, 14. Jänner 2022
Linz, den 14. Jänner 2022 *(„dem“ ist nicht korrekt!)*
Linz, am 14. Jänner 2022

Der Duden gibt zum Thema „einfache Briefe" die Empfehlung, dass das **Datum rechts oben auf dem Briefbogen in Höhe der ersten Zeile der Absenderangabe** gesetzt wird. Eine Regelung zur Positionierung ist in der DIN 5008 nicht zu finden.

3.1.8 Betreff

Der Betreff **steht zwei Leerzeilen unter dem Bezugszeichen-** bzw. **Informationsblock,** beginnt jedenfalls **ungefähr** auf **Position 11,5 cm** vom oberen Blattrand und ist eine stichwortartige Inhaltsangabe, die ohne Schlusspunkt endet. Satzzeichen für Werbezwecke, wie zum Beispiel Ausrufezeichen, dürfen verwendet werden. Der Betreff kann sich über mehrere Zeilen erstrecken. Das Leitwort „Betreff" wird üblicherweise nicht angeführt. Der Betreff wird häufig durch Fettdruck, Farbe oder vergrößerten Schriftgrad dargestellt.

Teilbetreff

Der Teilbetreff bezieht sich auf Briefteile und wird ebenso formatiert wie der Betreff selbst, **endet** jedoch **mit einem Punkt.** Der dazugehörige Text wird unmittelbar angefügt.

3.1.9 Anrede

Die Anrede wird im Brief mit **zwei Leerzeilen Abstand vom Betreff** geschrieben, sie endet mit einem **Komma** oder in Ausnahmefällen einem Rufzeichen. Im Anschluss folgt – nach einer Leerzeile – der Brieftext.

Als Anreden werden meist das neutrale „Sehr geehrte/r" bzw. das vertrauliche „Liebe/r" verwendet, aber auch kreative Grußformulierungen sieht man immer häufiger. Wenn der Brief an keine bestimmte Person gerichtet ist, schreibt man üblicherweise „Sehr geehrte Damen und Herren".

Akademische Grade sind in der Anrede vor den Familiennamen zu stellen, Diplom-, Bachelor- und Mastertitel werden in der Anrede nicht wiederholt. Der Fachbereich, in dem ein Doktortitel erworben wurde, kann in der Anschrift angegeben werden, entfällt jedoch in der Anrede, ebenso mehrere Doktortitel. Ist eine Amts- oder Funktionsbezeichnung in der Anschrift angeführt, wird die Person nicht mit dem Namen, sondern mit dem jeweiligen Rang angesprochen. Davon ausgenommen sind heute meist Professorinnen/Professoren, denn in ihrer Anrede wird zunehmend auch der Familienname genannt.

Mag. Walter Winter	Sehr geehrter Herr Mag. Winter,
Gloria Moser B.Ed. M.Ed.	Sehr geehrte Frau Moser,
Dipl.-Ing. Anton Pabst	Sehr geehrter Herr Pabst, *(in Österreich äußerst unüblich!)*
Dr. med. Sabine Sommer	Sehr geehrte Frau Dr. Sommer,
Dr. med. Dr. phil. Jonas Müller	Guten Tag Herr Dr. Müller,
Rektorin Professorin Dr. Anna Jost	Sehr geehrte Frau Rektorin,
	Guten Tag, Frau Professorin Jost,
	Sehr geehrte Frau Professorin,

3.1.10 Brieftext

Der Brieftext wird durch **eine Leerzeile von der Anrede** getrennt und mit **Zeilenabstand 1** geschrieben. Lediglich Schriftstücke mit besonderer Verwendung (z. B. Berichte, Gutachten) dürfen mit größerem Zeilenabstand geschrieben werden. Wegen der besseren Lesbarkeit sind kleine Schriftgrößen (unter 10 Pt.) und ausgefallene Schriftarten und Schriftstile zu vermeiden.

Absätze werden jeweils durch eine Leerzeile getrennt. Für die weitere Gestaltung des Brieftextes gelten die üblichen Gestaltungsregeln.

Sollte der Brief länger als eine Seite sein, so ist die Nummerierung mit mindestens einer Leerzeile vom Text zu trennen. Die Seiten eines Briefes sind ab der zweiten Seite fortlaufend zu nummerieren, wobei die Seitennummer (– X –) zentriert in der Kopfzeile und der entsprechende Verweis auf die Folgeseite (...) in der Fußzeile platziert wird. Wird die Nummerierungsform „Seite X von Y“ verwendet, so steht diese ab der ersten Seite rechtsbündig in der Fußzeile.

3.1.11 Grußform

Die Grußform wird vom übrigen Text durch **eine Leerzeile** getrennt und endet immer ohne Satzzeichen. Als Grußformen sind immer noch „Mit freundlichen Grüßen“, „Mit freundlichem Gruß“, „Freundliche Grüße“ üblich. Abwandlungen und kreative Grußformen setzen sich immer mehr durch. „Hochachtungsvoll“ wird hingegen als veraltet empfunden.

Der Name des Unternehmens oder der Behörde kann wiederholt werden, wenn er bereits im Absender aufscheint, und wird mit einer Leerzeile Abstand unter die Grußform gesetzt. Bei Bedarf kann die Bezeichnung auf mehrere Zeilen verteilt werden.

Im Anschluss daran folgt, je nach innerbetrieblicher Regelung, die maschinenschriftliche Angabe des/der Unterzeichnenden. Die Leerzeilen dazwischen werden je nach Bedarf eingefügt. Zusätze wie „i. A.“, „i. V.“ oder „ppa.“ werden vor den Namen gesetzt oder zwischen der Unternehmensbezeichnung und der Namenswiederholung angeführt (auch nur händisch möglich).

Mit besten Grüßen	Mit besten Grüßen
Obertrummer GmbH	**Obertrummer GmbH**
	i. V.
i. V. Franz Zunder	Franz Zunder

Die qualifizierte elektronische Signatur gilt als gleichwertiges Gegenstück zur eigenhändigen Unterschrift und kann auch in der Privatwirtschaft uneingeschränkt verwendet werden. Vor allem zum Signieren von PDF-Dokumenten und behördlichem Schriftverkehr, setzt sich die digitale Signatur immer mehr durch. Mit der Zeit soll dies im gesamten EU-Raum möglich werden.

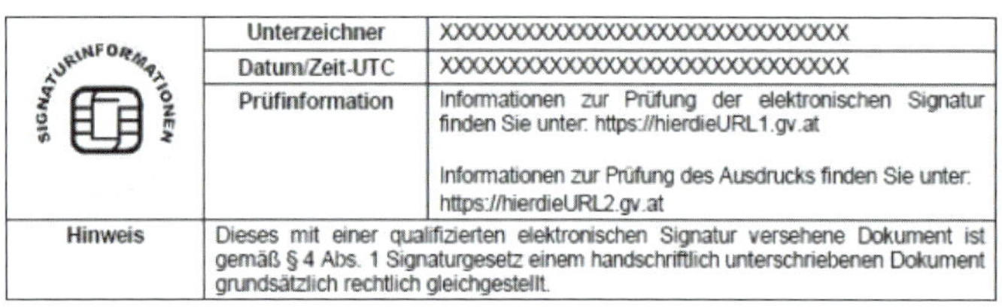

	Unterzeichner	XXXXXXXXXXXXXXXXXXXXXXXXXXXXX
	Datum/Zeit-UTC	XXXXXXXXXXXXXXXXXXXXXXXXXXXXX
	Prüfinformation	Informationen zur Prüfung der elektronischen Signatur finden Sie unter: https://hierdieURL1.gv.at Informationen zur Prüfung des Ausdrucks finden Sie unter: https://hierdieURL2.gv.at
Hinweis	Dieses mit einer qualifizierten elektronischen Signatur versehene Dokument ist gemäß § 4 Abs. 1 Signaturgesetz einem handschriftlich unterschriebenen Dokument grundsätzlich rechtlich gleichgestellt.	

Bildquelle: https://www.buergerkarte.at/pdf-signatur-handy.html

3.1.12 Anlagen- und Verteilervermerke

Der Mindestabstand für Anlagen- und Verteilervermerke sollte **drei Leerzeilen von der Firmenbezeichnung** betragen. Bei maschinenschriftlicher Angabe der Unterzeichnenden ist **eine Leerzeile** zwischen Anlagen- oder Verteilervermerk zu setzen. Der Verteilervermerk folgt dem Anlagenvermerk nach einer Leerzeile, die bei Platzmangel entfallen darf.

Die Wörter „Anlage(n)“ und „Verteiler“ dürfen mit Fettschrift hervorgehoben werden, wenn danach eine Aufzählung folgt. Es ist nicht verpflichtend, die einzelnen Posten genau anzuführen.

Anlagen	**Anlagen** 2 Zeugniskopien 1 Strafregisterbescheinigung	Verteiler Dr. Anna Jost Mag. Walter Winter

Ist unterhalb des Brieftextes zu wenig Platz, kann der Anlage- und/oder Verteilervermerk auch rechts neben dem Unterschriftblock (12,5 cm vom linken Blattrand entfernt) platziert werden.

Postskriptum

Ein eventuelles Postskriptum „PS“ oder andere Stilmittel sollen mit einem Abstand von **mindestens einer Leerzeile** am Ende des Briefes, jedoch vor den Geschäftsangaben angeführt werden.

3.1.13 Geschäftsangaben

Über die verpflichtenden Geschäftsangaben (siehe Pflichtangaben, Seite 17) hinaus können verschiedene Informationsangaben für Geschäftsbeziehungen nützlich sein. Diese Angaben können im dafür vorgesehenen Bereich in der Fußzeile angeführt werden. Als Geschäftspost gelten alle schriftlichen Mitteilungen an einen oder mehrere Empfänger, egal ob sie per Post, Telefax oder E-Mail übermittelt werden.

Meist findet man in der Fußzeile die verpflichtenden Angaben zur **Firmenbuchnummer** und zum **Firmenbuchgericht** sowie Daten zur **Bankverbindung** oder die **UID-Nummer** der Absenderin bzw. des Absenders (siehe Seite 20). Sofern die weiteren Pflichtangaben (Firmenname und Rechtsform, Firmensitz, Telefon, Telefax, E-Mail, Webseite etc.) nicht bereits im Kopf- oder Informationsbereich des Schreibens angeführt sind, können sie ebenfalls in der Fußzeile stehen.

FN 457021 s, Firmenbuchgericht: Landesgericht für Zivilrechtssachen Graz

Die **fünfstellige Bankleitzahl** wird in Österreich **nicht gegliedert.** International hat der **BIC,** auch SWIFT-Code genannt, die Bankleitzahl abgelöst. Er kann aus acht oder elf Zeichen bestehen, dem vierstelligen Bankcode und dem zweistelligen Ländercode sowie Ortscode. Er wird ebenfalls nicht gegliedert.

BLZ: 20111, SWIFT-Code/BIC: GIBAATWWXXX

Der **IBAN** (in Österreich 20 Stellen, in Deutschland 22 Stellen) wird nach DIN und ISO-Norm **von links nach rechts in Vierergruppen** gegliedert. Die bis zu elfstellige Kontonummer ist nach DIN von **rechts nach links in Dreiergruppen** zu gliedern.

IBAN: AT34 1234 1234 1234 1234, Konto-Nr.: 12 345 678 912

3.2 E-Mail

Die Regelungen der DIN 5008 zu E-Mails beziehen sich lediglich auf die Verwendung als Geschäftskorrespondenz an bestimmte Empfängerinnen oder Empfänger, jedoch nicht auf unternehmensinterne oder private Mitteilungen. Grundsätzlich gelten **dieselben Regelungen wie bei Geschäftsbriefen.** Dies gilt ebenso für die Pflichtangaben.

Beim Übermitteln von E-Mails ist auf die technischen Gegebenheiten der Empfängerin bzw. des Empfängers Rücksicht zu nehmen, vor allem was das Nachrichtenformat in Bezug auf Codierung, Verschlüsselung, verwendete Schriftarten und die Dateiformate von Anhängen betrifft.

Vor allem beim Versand von E-Mails sind die **Bestimmungen der DSGVO** zu beachten! E-Mails an mehr als 50 Empfängerinnen/Empfänger oder Werbe-E-Mails bedürfen grundsätzlich der vorherigen Zustimmung der Empfängerin bzw. des Empfängers. Bei Newslettern oder E-Mails, die mindestens viermal jährlich in ähnlicher Ausführung versandt werden, ist ein Impressum anzuführen; darüber hinaus sind Offenlegungsvorschriften zu beachten.

3.2.1 Anschrift

Die international standardisierte Adresse aus dem Empfängernamen und dem Zeichen @ sowie der organisatorischen oder geografischen Kennzeichnung des Rechnerstandortes ist einzuhalten. Leerzeichen dürfen nicht gesetzt werden. Punkt, Bindestrich oder Unterstreichungsstrich dienen als Trennzeichen. Umlaute und scharfes S werden wie folgt dargestellt: ä = ae, ö = oe, ü = ue, ß = ss.

Eine E-Mail darf im Adressfeld auch an mehrere gleichberechtigte Empfängerinnen und/oder Empfänger adressiert sein.

empfaengerbezeichnung@anbieter.at; empfaenger.bezeichnung@anbieter.at; office@anbieter.at

3.2.2 Verteiler

Je nachdem, ob die Adressen im Verteiler für die einzelnen Empfängerinnen bzw. Empfänger **sichtbar (CC)** oder **unsichtbar (BCC)** sein sollen, sind diese im entsprechenden Verteilerfeld einzutragen. Offene Verteiler (CC) sollten jedoch – auch aus datenschutzrechtlichen Gründen – mit Bedacht verwendet werden, damit nicht unbeabsichtigt persönliche Daten weitergegeben werden.

3.2.3 Betreff

Der Betreff wird bei E-Mails im entsprechenden Feld angeführt. Antwortet man auf eine E-Mail per Antwortfunktion, wird automatisch „AW:" (Antwort) oder „Re:" (Zurück) vorangestellt. So ist ersichtlich, dass die Mail Teil eines bereits begonnenen Dialogs ist. Bei mehrmaligem Schriftwechsel ist jedoch die Formulierung eines neuen Betreffs anzuraten.

3.2.4 Anrede

Die Anrede ist fester Bestandteil einer geschäftlichen E-Mail und ist genau wie in einem Geschäftsbrief auszuführen. Sie ist die erste Zeile im Textfeld, beginnt an der Fluchtlinie und wird durch eine Leerzeile vom nachfolgenden Text getrennt.

3.2.5 Text

Der Text ist als Fließtext ohne Worttrennungen zu erfassen, da der Umbruch durch die Software des Empfängergeräts, abhängig von der Fenster- und Bildschirmgröße, erfolgt.

Für die Gestaltung und Formatierung des E-Mail-Textes gelten dieselben Vorschriften wie in Geschäftsbriefen.

Bestimmte Konventionen (Netiquette) sind ebenfalls zu beachten, so gilt Text in Blockschrift als „Anschreien" und durchgängige Kleinschreibung als Missachtung der Empfängerin bzw. des Empfängers. Ebenso ist die mehrfache Verwendung von Satzzeichen hintereinander zu vermeiden. Emojis oder Emoticons sollten bei geschäftlichen Kontakten nicht bzw. nur in Ausnahmefällen und sehr sparsam verwendet werden. Zu beachten ist, dass sie keine Satzzeichen ersetzen und daher vor ein Komma oder nach einen Schlusspunkt gestellt werden.

Wird eine Mail an mehrere Personen gleichzeitig gesandt, können einzelne Personen im Textverlauf durch Fettdruck des Namens oder ein davorgesetztes @ direkt angesprochen werden.

3.2.6 Abschluss (Signatur)

Für den Abschluss einer E-Mail gelten dieselben Regelungen wie für Geschäftsbriefe. Daher sind die **Pflichtangaben** meist im Mail-Abschluss zusammengefasst, in der Regel wird ein Textbaustein in Form einer Signatur verwendet. (Siehe untenstehendes Beispiel)

Sofern aus dem Namen der unterzeichnenden Person nicht ersichtlich ist, welche Anrede in einem Antwortschreiben zu verwenden ist, kann die Signatur entsprechend ergänzt werden.

Mit besten Grüßen

Herr Andrea Bogner

E-Mail: a.bogner@mail.at
Mobil: +43 664 369 13 69

Elektronische Signatur bzw. Verschlüsselung

Müssen E-Mails höheren rechtlichen Ansprüchen genügen, ist eine **qualifizierte elektronische Signatur** notwendig. Dies ist z. B. bei rechtsverbindlichen Mitteilungen zur Prüfung der Identität der Absenderin/des Absenders und der Integrität der Nachricht der Fall. In Österreich wird zwischen der **einfachen** (als Beweismittel zugelassen und unterliegt der richterlichen Beweiswürdigung) und der **qualifizierten** (erfüllt die rechtlichen Anforderungen an eine eigenhändige Unterschrift) elektronischen Signatur unterschieden.

Bei der Verschlüsselung von E-Mails wird diese bei der Übertragung vor unberechtigtem Lesen geschützt.

Beispiel für eine E-Mail

Von: franz.zunder@obertrummer.at
An...: empfaengerbezeichnung@anbieter.at
Cc...: empfaenger.bezeichnung@anbieter.at; office@anbieter.at
Bcc...: unsichtbarer.empfaenger@anbieter.at; nicht-sichtbarer_empfaenger@anbieter.at
Betreff: Formate für den E-Mail-Versand
Angefügt: Informationsblatt_E-Mail-Formate.pdf 748 KB

Sehr geehrte Damen und Herren,

die verschiedenen E-Mail-Formate (HTML, Nur Text und Rich-Text) haben sich historisch entwickelt. Die erste E-Mail aus dem Jahr 1971 wurde als reine Text-Nachricht im ASCII-Code übermittelt. Zu Beginn der 1990er Jahre gab es mit dem HTML-Format bereits Textgestaltungsmöglichkeiten – sogar Bilder konnten angefügt werden.

Die einzelnen Formate unterscheiden sich wie folgt:

1. **HTML:** Die Nachrichten können Formatierungen und Bilder enthalten und sind mit den meisten E-Mail-Programmen kompatibel. Sie weisen jedoch eine längere Ladezeit auf.
2. **Nur Text:** Die Nachrichten enthalten keine Formatierungen und können daher von allen E-Mail-Programmen gelesen werden.
3. **Rich-Text:** Die Nachrichten können Formatierungen und Bilder enthalten, werden jedoch lediglich von Microsoft Outlook und Microsoft Exchange korrekt angezeigt.

Ich hoffe, Ihnen mit dieser kurzen Zusammenstellung und dem beiliegenden Informationsblatt einen besseren Einblick in die E-Mail-Formate geboten zu haben.

Mit besten Grüßen

Obertrummer GmbH

i. V. Franz Zunder

E-Mail: franz.zunder@obertrummer.at
Internet: www.obertrummer.at
Telefon: +43 1 123 45 68-41

Postanschrift: Hauptstraße 5-9, 1200 Wien
Gesellschaft mit beschränkter Haftung
Gesellschafter: Max Muster (50 %); Moritz Muster (50 %)
Geschäftsführer: Max Muster
IT-Consulting

UID-Nr.: ATU87654321
FN 457021 s Firmenbuchgericht: Handelsgericht Wien

SWIFT-Code: GIBAATWWXXX
IBAN: AT34 1234 1234 1234 1234

Der Schutz Ihrer Daten ist uns wichtig. Informationen zur Verarbeitung Ihrer Daten finden Sie unter diesem Link. Wenn Sie keine weiteren Werbe-E-Mails von uns erhalten möchten, senden Sie diese Mail bitte einfach unkommentiert an uns zurück. Sie werden daraufhin aus dem Verteiler gelöscht.

Index

Normative Quellen

Austrian Standards International, Hrsg. (2018). *Der korrekte Umgang mit Größen, Einheiten und Gleichungen. Übersicht.* Fachinformation 23, Austrian Standards.

Bibliographisches Institut Mannheim. (2017). *Duden – die deutsche Rechtschreibung. Auf der Grundlage der aktuellen amtlichen Rechtschreibregeln* (Der Duden, in zwölf Bänden: das Standardwerk zur deutschen Sprache; Band 1, 27., völlig neu bearbeitete und erweiterte Auflage). Berlin: Dudenverlag.

Bundesministerium für Bildung, Wissenschaft und Forschung. (2018). *Geschlechtergerechte Sprache. Leitfaden im Wirkungsbereich des BMBWF.*

Bundes-Verfassungsgesetz. (1930). idF vom BGBl. I Nr. 114/2013.

DIN 1421:1983-01. *Gliederung und Benummerung in Texten; Abschnitte, Absätze, Aufzählungen.* Berlin: Beuth Verlag GmbH.

DIN 5008:2020. *Schreib- und Gestaltungsregeln für die Textverarbeitung.* Berlin: Beuth Verlag GmbH.

Diewald, G. & Steinhauer, A. (2017). *Duden – Richtig gendern. Wie Sie angemessen und verständlich schreiben.* Berlin: Dudenverlag.

ISO 2145:1978-12-15. *Documentation – Numbering of divisions and subdivisions in written documents.*

ISO 8601:2019. *Data elements and interchange formats – Information interchange – Representation of dates and times.*

Österreichische Post AG (Hrsg.). (2020). *Richtig adressieren. Kriterien für maschinell bearbeitbare Sendungen.* Verfügbar unter www.trauner.at/post-richtig-adressieren

Österreichische Post AG (Hrsg.). (2020). *Voraussetzungen für die Maschinenfähigkeit. Besondere Bedingungen.* Verfügbar unter www.trauner.at/bedingungen-maschinenfaehigkeit.aspx

Pabst, C. M., Fussy, H. & Steiner, U. (2016). *Österreichisches Wörterbuch. Vollständige Ausgabe mit dem amtlichen Regelwerk* (43. Auflage).

Hinweis

Die DIN 5008 hat auch Gestaltungsvorschläge für Hervorhebungen, Tabellengestaltung, Formulare, Diagramme, Abbildungen, Gestaltung längerer Texte, Präsentationen, Protokolle eingearbeitet und gibt Anregungen zur Dateiablage, Ordnerstruktur und Dateibenennung.